DIESES BUCH GEHÖRT:

_____

_____

Kauf hier unsere anderen Bücher
www.sillyslothpress.com

Fragen & Kundenservice: Schreib uns an
support@sillyslothpress.com

© Silly Sloth Press. Alle Rechte vorbehalten. Ohne ausdrückliche Erlaubnis des Verlages darf das Werk weder komplett noch teilweise reproduziert, übertragen oder kopiert werden, wie z. Bsp. manuell oder mithilfe elektronischer und mechanischer Systeme inklusive Fotokopieren und Bandaufzeichnung. Ausgenommen sind kurze Zitate im Rahmen einer kritischen Auseinandersetzung und sonstige vom Urheberrechtsgesetz zugelassene nicht kommerzielle Verwertung.

Würdest du lieber ...

... auf einem
Nilpferd
oder
einem
Kamel
zur Schule
reiten?

Würdest du lieber ...

... nasse Socken
haben,
oder
Schuhe haben,
die nach Pferdeapfel
riechen?

Würdest du lieber ...

... Bonbons kacken, oder Limo pinkeln?

Würdest du lieber ...

... geräuschlose Fürze lassen, die furchtbar stinken, oder geruchlose Fürze lassen, die jeder hört?

Würdest du lieber ...

... ganz laut furzen, oder leise in die Hose einen Haufen machen?

Würdest du lieber ...

... ein Zauberer/eine Fee oder ein Superheld/eine Superheldin sein?

Würdest du lieber ...

... nie wieder Hausaufgaben machen müssen oder dafür bezahlt werden, deine Hausaufgaben zu machen?

Würdest du lieber ...

... super früh aufstehen, oder voll spät ins Bett gehen?

Würdest du lieber ...

... für deine
Intelligenz
oder
für deine Schönheit
bewundert werden?

Würdest du lieber ...

... schlecht
riechen
oder
Walrosszähne
haben?

Würdest du lieber ...

... eine Zahnpasta verwenden,
die nach Hundefurz riecht,
oder
eine Zahnpasta,
die nach Sauermilch schmeckt?

Würdest du lieber ...

... große haarige Hände
oder
große haarige Füße haben?

Würdest du lieber ...

... auf einer Insel, oder im Regenwald feststecken?

Würdest du lieber ...

... von einem Pelikan einen Haufen auf den Kopf bekommen, oder von einem Stinktier angesprüht werden?

Würdest du lieber ...

... ein 3. Auge oder einen 3. Arm haben?

Würdest du lieber ...

... super stark oder super schnell sein?

Würdest du lieber ...

... im Mittelalter oder in der Antike leben?

Würdest du lieber ...

... wie ein Känguru hüpfen, oder wie eine Schildkröte gehen?

Würdest du lieber ...

... zu enge Unterwäsche oder zu kleine Schuhe tragen?

Würdest du lieber ...

... Windeln tragen oder die Windeln anderer wechseln?

Würdest du lieber ...

... einen Turm bauen, oder ihn umwerfen?

Würdest du lieber ...

... in die Vergangenheit oder in die Zukunft reisen?

Würdest du lieber ...

... einen Tiger
oder
200 Vogelspinnen
in deinem
Schlafzimmer
haben?

Würdest du lieber ...

... Ozeane auf der Suche
nach Delfinen
erkunden,
oder
den Dschungel
nach Gorillas
durchsuchen?

Würdest du lieber ...

... Augen haben, die immer trocken sind, oder eine Nase haben, die immer rinnt?

Würdest du lieber ...

... unter Wasser atmen, oder auf dem Wasser gehen können?

Würdest du lieber ...

... eine Massage mit Rotze oder mit einem glitschigen Aal bekommen?

Würdest du lieber ...

... dem Essensplan eines Ameisenbären oder dem eines Wurms folgen müssen?

Würdest du lieber ...

... durch Wände gehen, oder durch Wände sehen können?

Würdest du lieber ...

... dich an alles erinnern, was du je gelesen hast, oder an alles, was du je gehört hast?

Würdest du lieber ...

... schlechten Mundgeruch oder Stinkefüße haben?

Würdest du lieber ...

... einen Tausendfüßler oder einen Kraken halten?

Würdest du lieber ...

... immer das gleiche Lied hören

oder

nie wieder Musik hören?

Würdest du lieber ...

... barfuß auf ein kleines Legostück

oder

nur mit Socken in eine Pfütze steigen?

Würdest du lieber ...

... einen ganzen Tag lang nicht sprechen, oder nicht spielen?

Würdest du lieber ...

... Dinge auf die Hälfte ihrer Größe verkleinern oder sie doppelt so groß werden lassen?

Würdest du lieber ...

... komplett kahl sein,
oder
mit Haaren
vom Kopf
bis Fuß bedeckt
sein?

Würdest du lieber ...

... zwei Nasen
oder
zwei
Münder haben?

Würdest du lieber ...

... nie wieder Hausarbeit machen, oder nie wieder zur Schule müssen?

Würdest du lieber ...

... den Tisch decken, oder das Geschirr abwaschen?

Würdest du lieber ...

... tanzen, wo immer du gehst, oder singen, wann immer du sprichst?

Würdest du lieber ...

... in einem Iglu oder in einem Baumhaus wohnen?

Würdest du lieber ...

... die Frisur deiner Großmutter oder die Kleidung deiner Großmutter für den Rest deines Lebens tragen?

Würdest du lieber ...

... das klügste Kind der Schule, oder der schnellste Läufer der Schule sein?

Würdest du lieber ...

... gleich Erwachsen werden,
oder
für immer
ein Kind bleiben?

Würdest du lieber ...

... Höhenangst oder Angst vor tiefen Gewässern haben?

Würdest du lieber ...

... kontrollieren können, wenn es regnet oder wenn es schneit?

Würdest du lieber ...

... 20 Finger oder 20 Zehen haben?

Würdest du lieber ...

... das Weltall erkunden, oder einen versteckten Schatz finden?

Würdest du lieber ...

... der Superheld oder der Sidekick sein?

Würdest du lieber ...

... etwas essen,
das wie Erbrochenes
aussieht,
oder
etwas,
das nach Erbrochenem
riecht?

Würdest du lieber ...

... nach Furz
aus dem Mund
riechen,
oder
Furzgeräusche
beim Lachen machen?

Würdest du lieber ...

... eine Schweinenase, oder einen Vogelschnabel haben?

Würdest du lieber ...

... immer mit einem Steinchen im Schuh herumlaufen, oder eine furchtbare Frisur haben?

Würdest du lieber ...

... ein Einzelkind sein,
oder
einen Zwilling
haben?

Würdest du lieber ...

... in einen Pool
mit Schokopudding
oder
in einen Pool voller
Götterspeise
springen?

Würdest du lieber ...

... ein Glas Schweiß oder ein Glas Sabber trinken?

Würdest du lieber ...

... ein Kaugummi haben, das nie an Geschmack verliert, oder einen Lutscher haben, der nie kleiner wird?

Würdest du lieber ...

... dreckiges Geschirr
mit deiner Zunge reinigen
oder
dein Haustier
mit deiner Zunge
putzen?

Würdest du lieber ...

... ohne Handy
oder
ohne Spielkonsole
leben?

Würdest du lieber ...

... 10 Warzen oder 10 Blasen haben?

Würdest du lieber ...

... 12 mal am Tag großmachen, oder nur noch Durchfall haben?

Würdest du lieber ...

... die ganze Nacht aufbleiben
und fernsehen,
oder
einen Tag lang Schule schwänzen?

Würdest du lieber ...

... den ganzen Tag im Haus
oder
draußen
spielen?

Würdest du lieber ...

... ein Eis mit Knoblauchgeschmack essen, oder ein Glas voll Chilisauce trinken?

Würdest du lieber ...

... Engelflügel oder den Schwanz einer Meerjungfrau haben?

Würdest du lieber ...

... fliegen oder Gedanken lesen können?

Würdest du lieber ...

... Bratwürste statt Finger, oder Bananen statt Zehen haben?

Würdest du lieber ...

... 20 Finger oder 20 Zehen haben?

Würdest du lieber ...

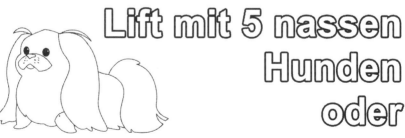

... in einem Lift mit 5 nassen Hunden oder mit 10 Personen mit schlechtem Mundgeruch stecken?

Würdest du lieber ...

... die Superkraft besitzen, unsichtbar zu sein, oder mir Tieren zu sprechen?

Würdest du lieber ...

... angeln oder wandern?

Würdest du lieber ...

... wollen, dass es für immer Winter oder für immer Sommer ist?

Würdest du lieber ...

... einen fliegenden Teppich oder einen Tarnumhang haben?

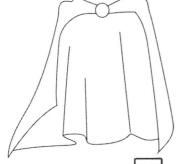

Würdest du lieber ...

... Augenbrauen haben, die ständig wachsen, oder gar keine Augenbrauen haben?

Würdest du lieber ...

... schwach aussehen aber 100kg heben können, oder stark aussehen aber nur 10kg heben können?

Würdest du lieber ...

... eine Million Euro oder eine Million Freunde haben?

Würdest du lieber ...

... eine riesige Zunge oder riesige Zehen haben?

Würdest du lieber ...

... einen Gesangswettbewerb oder
einen Oscar gewinnen?

Würdest du lieber ...

... auf einem Regenbogen rutschen, oder einen Goldschatz am Ende des Regenbogens finden?

Würdest du lieber ...

... die Perücke
oder
die Nase eines
Clowns
jeden Tag tragen?

Würdest du lieber ...

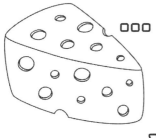

... in einem Haus
aus Käse
oder
aus Vanillepudding
leben?

Würdest du lieber ...

... in einem Zimmer mit jemandem übernachten, der im Schlaf schnarcht oder furzt?

Würdest du lieber ...

... extrem groß oder extrem klein sein?

Würdest du lieber ...

... 100 Spinnen in deinem Zimmer oder 1000 Grashüpfer im ganzen Haus haben?

Würdest du lieber ...

... in der Tiefsee oder in den Wolken leben?

Würdest du lieber ...

... deinen Lieblingsfilmstar oder die deutsche Bundeskanzlerin treffen?

Würdest du lieber ...

... einen Fruchtsalat mit Essiggurkensaft essen, oder Sauerkrautsaft trinken?

Würdest du lieber ...

... Haare wie Regenwürmer, oder Haare wie Tentakeln haben?

Würdest du lieber ...

... einen Hexenhut oder eine Piratenaugenklappe zur Schule tragen?

Würdest du lieber ...

... eine öffentliche
Toilette mit einem
großen Haufen,
oder
mit einer großen
Schlange auf der Klobrille
benutzen?

Würdest du lieber ...

... eine Essensschlacht
oder
eine
Wasserbombenschlacht
machen?

Würdest du lieber ...

... ein nettes Gespenst oder ein gruseliges Monster sein?

Würdest du lieber ...

... ein Einhorn oder einen Dinosaurier als Haustier haben?

Würdest du lieber ...

... Katzenfutter oder Hunde Leckerli essen?

Würdest du lieber ...

... in einem fliegenden Bus reisen, oder ein Einhorn reiten?

Würdest du lieber ...

... dich wie eine Schlange häuten, oder Eier wie ein Huhn legen?

Würdest du lieber ...

... ein unglaublicher Künstler/eine Künstlerin oder ein fantastischer Tänzer/eine Tänzerin werden?

Würdest du lieber ...

... eine 1 in Mathe
oder
eine 1 in Deutsch
haben?

Würdest du lieber ...

... in der Nase
deines Freundes
bohren,
oder
den Hintern deines
Freundes
abwischen?

Würdest du lieber ...

... für deine Bilder
oder
für deinen
Gesang
bekannt werden?

Würdest du lieber ...

... unter Wasser
oder
im Weltraum
leben?

Würdest du lieber ...

... an den Füßen deines Freundes schnuppern oder dass dein Freund an deinen Füßen schnuppert?

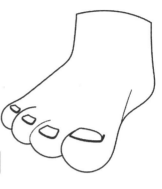

Würdest du lieber ...

... einen Roboter haben, der mit dir spielt, oder einen Roboter haben, der dir dein Essen serviert?

Würdest du lieber ...

... Blätter als Toilettenpapier oder Mayonnaise als Shampoo benutzen?

Würdest du lieber ...

... die Ohren von einem Unbekannten putzen, oder die Fußnägel von einem Unbekannten schneiden?

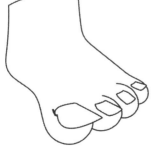

Würdest du lieber ...

... eine Spinne oder eine Ratte als Haustier haben?

Würdest du lieber ...

... mit einer außerirdischen Familie oder mit einer Nilpferd-Familie leben?

Würdest du lieber ...

... mit dem Kopf unten, oder

auf einem Haufen schmutzigen Windeln schlafen?

Würdest du lieber ...

... alle Sprachen der Welt beherrschen, oder

mit Außerirdischen kommunizieren können?

Würdest du lieber ...

... eine Qualle oder einen Seeigel essen?

Würdest du lieber ...

... eine heiße Limo trinken, oder eine kalte Currywurst essen?

Würdest du lieber ...

... eine Zeitmaschine oder ein Raumschiff besitzen?

Würdest du lieber ...

... in Treibsand oder im Erbrochenen eines Riesen gefangen sein?

Würdest du lieber ...

... alle 5 Minuten niesen,

oder

alle 2 Minuten rülpsen müssen?

Würdest du lieber ...

... einen Außerirdischen treffen,

oder

eine Meerjungfrau werden?

Würdest du lieber ...

... mit einem Gorilla so groß wie eine Katze oder mit einem Kraken so groß wie ein Bär kämpfen?

Würdest du lieber ...

... nie wieder duschen oder nie wieder die Zähne putzen?

Würdest du lieber ...

... einen guten Vergnügungspark jeden Monat besuchen, oder den allerbesten Vergnügungspark einmal im Jahr besuchen?

Würdest du lieber ...

... 100 Kakerlaken in deinem Zimmer haben, oder eine lebendige Kakerlake essen?

Würdest du lieber ...

... ein ganzes Stück Butter oder eine Tube Senf essen?

Würdest du lieber ...

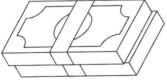

... für das Riechen von Fürzen, oder für das Riechen von Stinkefüßen bezahlt werden?

Würdest du lieber ...

... gegen 100 Zebras
so groß wie Tauben,
oder
gegen eine Taube
so groß
wie ein Zebra
kämpfen?

Würdest du lieber ...

... nur noch Fürze
riechen können,
oder
gar nichts
mehr riechen
können?

Würdest du lieber ...

... Sommersprossen oder Grüppchen haben?

Würdest du lieber ...

... einen Eimer Apfelkerne oder 20 Bananenschalen essen?

Würdest du lieber ...

... mit einem schleimigen Aal

oder

mit einem stechenden Stachelschwein kuscheln?

Würdest du lieber ...

... 100 kg mit der Kraft deiner Gedanken heben,

oder

1000 kg mit der Kraft deiner Muskeln?

Würdest du lieber ...

... vier Beine oder vier Arme haben?

Würdest du lieber ...

... dein ganzes Leben dort verbringen, wo du gerade bist, oder in ein fremdes Land ziehen?

Würdest du lieber ...

... auf einem Haufen roter Ameisen sitzen, oder tausend Zecken auf deinem Körper haben?

Würdest du lieber ...

... immer sichtbaren Rotz in der Nase haben oder immer ein Stück Essen zwischen den beiden Vorderzähnen haben?

Würdest du lieber ...

... den Weihnachtsmann am Heiligen Abend sehen, oder mit so viel Geschenken wie noch nie aufwachen?

Würdest du lieber ...

... ein furzendes Pferd reiten, oder einen rülpsenden Frosch küssen?

Würdest du lieber ...

... das schlauste Kind in der Schule oder das beliebteste Kind in der Schule sein?

Würdest du lieber ...

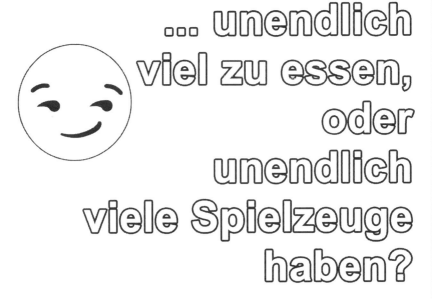

... unendlich viel zu essen, oder unendlich viele Spielzeuge haben?

Würdest du lieber ...

... den Held aus deinem Lieblingsbuch
oder
eine wichtige historische Figur treffen?

Würdest du lieber ...

... ein fliegendes Fahrrad
oder
einen persönlichen Roboter besitzen?

Würdest du lieber ...

... gegen dein Lieblingsessen oder gegen dein Lieblingstier allergisch sein?

Würdest du lieber ...

... ein Baumhaus oder ein geheimes Versteck haben?

Würdest du lieber ...

... auf einem Bauernhof oder in der Stadt leben?

Würdest du lieber ...

... wie ein Schaf blöken, wenn du lachst, oder wie eine Möwe schreien, wenn du sprichst?

Würdest du lieber ...

... eine Olympia-Goldmedaille gewinnen
oder
in einer Casting Show gewinnen?

Würdest du lieber ...

... in einer Badewanne voller Eiswürfel
oder
in einer Badewanne voll O-Saft baden?

Würdest du lieber ...

... mit deinen Füßen essen, oder auf deinen Händen gehen?

Würdest du lieber ...

... eine Karottennase wie ein Schneemann oder eine rote Nase wie Rudolph das Rentier haben?

Würdest du lieber ...

... ein neues Spielzeug entwerfen, oder für einen Film Regie führen?

Würdest du lieber ...

... wollen, dass ein Baby auf dich bricht oder pinkelt?

Würdest du lieber ...

... schleimige Eier essen, oder Eier, die verdorben riechen?

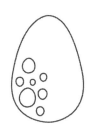

Würdest du lieber ...

... Astronaut/in, oder Feuerwehrmann/-frau werden?

Würdest du lieber ...

... eine Nase haben,
die wächst,
wenn du lügst,
oder
Ohren, die wachsen,
wenn du dich ärgerst?

Würdest du lieber ...

... auf einem
Dinosaurier
zur Schule reiten,
oder
in einem
Rennauto
ankommen?

Würdest du lieber ...

... einen besten
Freund
oder
10 gute Freunde
haben?

Würdest du lieber ...

... die Zahn-Fee
oder
der Osterhase
sein?

Würdest du lieber ...

... Windeln tragen, oder aus einer Babyflasche dein ganzes Leben lang trinken?

Würdest du lieber ...

... Badesachen im Winter oder einen dicken Pulli im Sommer tragen?

Würdest du lieber ...

... ein Ninja sein, oder Gedanken lesen können?

Würdest du lieber ...

... Hühner für ihre Eier oder Kühe für ihre Milch halten?

Würdest du lieber ...

... einen Mülleimer ablecken, oder schimmelige Wurst essen?

Würdest du lieber ...

... Bungee-Jumping machen oder die höchste Achterbahn fahren?

Würdest du lieber ...

... wollen, dass dich
10 Sabberhunde
abschlecken,
oder
dass ein großer
Hund sich
auf dich setzt?

Würdest du lieber ...

... Rollerblades
oder
einen Pogo-Stick
haben?

Würdest du lieber ...

... den Hintern
eines Pavians
oder
den Hals
einer Giraffe
haben?

Würdest du lieber ...

... so klein
wie eine Ameise
oder
so groß
wie ein Wal
sein?

Würdest du lieber ...

... einen Schweineschwanz oder eine Haiflosse haben?

Würdest du lieber ...

... sehen, wie deine Nase wächst, wenn du lügst, oder wie deine Ohren wachsen, wenn du wütend wirst?

Würdest du lieber ...

... die klügste Person der Welt

oder

die lustigste Person der Welt sein?

Würdest du lieber ...

... 20 Minuten lesen, oder 2 Minuten spielen dürfen?

Würdest du lieber ...

... 100 Geschwister oder 100 Haustiere haben?

Würdest du lieber ...

... deine Träume kontrollieren oder sie am nächsten Tag ansehen können?

Würdest du lieber ...

... nie wieder Eis, oder nie wieder Bonbons essen?

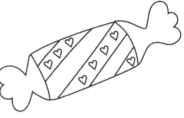

Würdest du lieber ...

... draußen picknicken, oder in einem schicken Restaurant essen?

Würdest du lieber ...

... in einem Bett voll Sand oder in einem Bett voll Schokosirup schlafen?

Würdest du lieber ...

... deine Popel essen, oder den Haltegriff in der U-Bahn ablecken?

Würdest du lieber ...

... eine Nacht in einem Geisterschloss oder in einem Unterwasserhotel schlafen?

Würdest du lieber ...

... einen Tag im Zoo oder einen Tag am Strand verbringen?

Würdest du lieber ...

... Bauchredner sein, oder Gedanken übertragen?

Würdest du lieber ...

... einen Smoothie aus Maikäfern trinken oder eine lebendige Schnecke essen?

Würdest du lieber ...

... ein U-Boot oder ein Raumschiff besitzen?

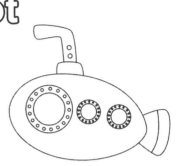

Würdest du lieber ...

... Pizza zum Frühstück oder Müsli am Abend essen?

Würdest du lieber ...

... wollen, dass es Katzenlulu regnet, oder dass es Hundekacke schneit?

Würdest du lieber ...

... die Zeit vorspulen oder die Zeit einfrieren können?

Würdest du lieber ...

... in einem Becken voller Haie schwimmen, oder aus dem Berliner Fernsehturm frei fallen?

Würdest du lieber ...

... eine Schüssel voll Nacktschnecken, oder eine einzige Spinne essen?

Würdest du lieber ...

... Augen haben, die in der Nacht leuchten, oder Haare haben, die in der Nacht leuchten?

Würdest du lieber ...

... einen Hamster in Elefantengröße oder einen Elefanten in Hamstergröße haben?

Würdest du lieber ...

... mit einem Flugzeug oder mit einem Heißluftballon reisen?

Würdest du lieber ...

... Arzt oder Tierarzt werden?

Würdest du lieber ...

... deine Eltern oder deinen besten Freund/deine beste Freundin anlügen?

Würdest du lieber ...

... die Toilette in deiner Schule oder im Haus deines Freundes/deiner Freundin verstopfen?

Würdest du lieber ...

... ankündigen müssen, wann immer du pinkeln musst, oder jedes Mal, wenn du furzen musst?

Würdest du lieber ...

... das Ei eines Dinosauriers oder das Ei eines Drachens finden?

Würdest du lieber ...

... die Fähigkeit haben, auf die Größe einer Ameise zu schrumpfen, oder auf die Größe eines Bären zu wachsen.

Würdest du lieber ...

... ein Musterschüler oder der Klassenkasper sein?

Würdest du lieber ...

... den gleichen Tag ein Jahr lang erleben, oder ein ganzes Jahr deines Lebens überspringen?

Würdest du lieber ...

... jedes Mal, wenn du gehst, Furzgeräusche machen oder jedes Mal, wenn du gähnst, nach Fürzen riechen?

Würdest du lieber ...

... das stärkste Huhn der Welt oder der langsamste Gepard sein?

Würdest du lieber ...

... von einer Qualle gestochen, oder von einem Krebs gekneift werden?

Würdest du lieber ...

... auf einem Vergnügungspark oder in einem Zoo leben?

Würdest du lieber ...

... barfuß durch Elefantenkacke oder durch Brennnessel gehen?

Würdest du lieber ...

... in einem Pool voll Gummibären, oder in einem Pool voll Fruchtsirup schwimmen?

Würdest du lieber ...

... Seifenblasen furzen oder Glitzer-Glitzer rülpsen?

Würdest du lieber ...

... nur auf allen Vieren oder nur rückwärts gehen können?

Würdest du lieber ...

... eine Schule für Zauberer oder eine Schule für Superhelden besuchen?

Würdest du lieber ...

... zwei lange Vorderzähne wie ein Biber oder gar keine Zähne haben?

Würdest du lieber ...

... Kekse mit Essiggeschmack oder Eiscreme mit Hackfleischgeschmack essen?

Würdest du lieber ...

... jede Mahlzeit mit einer Gabel oder mit einem Löffel essen?

Würdest du lieber ...

... alles schreien, was du sagen willst, oder immer laufen, wenn du gehen willst?

Würdest du lieber ...

... wie ein Stinktier aussehen oder wie ein Stinktier riechen?

Würdest du lieber ...

... einen Wespenstich oder 10 Mückenstiche haben?

Würdest du lieber ...

... eine Warze auf der Nase oder das Horn eines Einhorns haben?

Würdest du lieber ...

... dabei erwischt werden, wie du deinen Popel isst, oder wie du deinen Hintern kratzt?

Würdest du lieber ...

... ein Superheld sein,
den keiner kennt,
oder
ein Bösewicht,
den jeder kennt?

Würdest du lieber ...

... den schlimmsten
Stinkekäse
oder
eine frische
Meeresschnecke
essen?

Würdest du lieber ...

... einen Zauberknopf haben,
der deine Eltern
oder
deine Lehrer zum Schweigen bringt?

Würdest du lieber ...

... von einem Vampir
oder
von einem Zombie
gebissen werden?

Würdest du lieber ...

... 10 Hunde haben,
die überall
herumpinkeln,
oder
10 Katzen,
die alles zerkratzen?

Würdest du lieber ...

... einen Kopf
so groß wie eine
Traube
oder
wie eine Wassermelone
haben?

Würdest du lieber ...

... einen hohen Berg besteigen, oder ins tiefe Meer tauchen?

Würdest du lieber ...

... Spaghetti mit einem Löffel oder Pizza mit Essstäbchen essen?

Printed in Poland
by Amazon Fulfillment
Poland Sp. z o.o., Wrocław